AF311931

VENTE DES 22, 23 & 24 MARS 1866

Rue de Balzac, n° 20

PAR SUITE DE CESSION DE L'IMMEUBLE

MOBILIER

TABLEAUX ANCIENS

OBJETS D'ART & DE CURIOSITÉ

DU

CHATEAU BEAUJON

Résidence

De M. GUDIN, Peintre.

EXPOSITIONS { PARTICULIÈRE : le Mardi 20 Mars 1866 } de 1 heure à 5 heures
{ PUBLIQUE : le Mercredi 21 Mars 1866 }

Me CHARLES PILLET — Me EUGÈNE ESCRIBE

COMMISSAIRES-PRISEURS

M. HORSIN DÉON | M. ARONDEL

PEINTRE. | EXPERT.

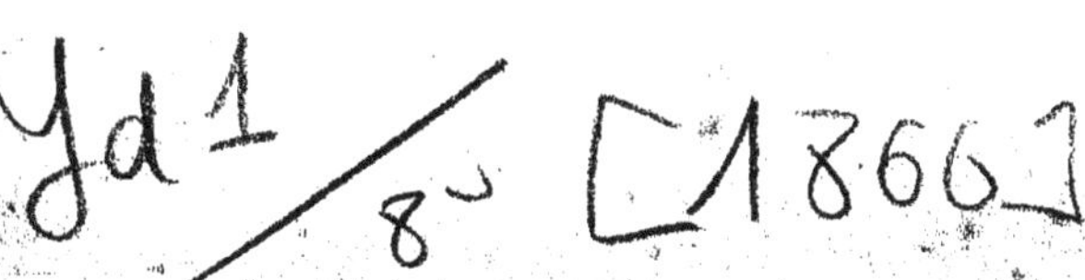

RENOU & MAULDE

IMPRIMEURS DE LA COMPAGNIE DES COMMISSAIRES-PRISEURS

Rue de Rivoli, 144.

CATALOGUE

DE

MOBILIER

ET DES

TABLEAUX ANCIENS

OBJETS D'ART & CURIOSITÉS

Du Château Beaujon,

RÉSIDENCE

DE M. GUDIN, PEINTRE

DONT LA VENTE AUX ENCHÈRES PUBLIQUES AURA LIEU

RUE DE BALZAC, 20

Par suite de cession de l'Immeuble

LES JEUDI 22, VENDREDI 23 & SAMEDI 24 MARS 1866

A DEUX HEURES

Par le ministère de Mᵉ **CHARLES PILLET**, Commissaire-Priseur,
rue de Choiseul, 11,
Et de Mᵉ **EUGÈNE ESCRIBE**, son Confrère, rue Saint-Honoré, 217,
Assistés de M. **HORSIN DÉON**, Peintre, rue Chabanais, 1,
Et de M. **ARONDEL**, Expert, rue de Choiseul, 16,
Chez lesquels se distribue le présent Catalogue.

EXPOSITIONS

PARTICULIÈRE : le Mardi 20 Mars 1866 }
PUBLIQUE : le Mercredi 21 Mars 1866 } de une heure à cinq heures.

PARIS — 1866

CONDITIONS DE LA VENTE

Elle sera faite au comptant.

Les Acquéreurs paieront, en sus des adjudications, CINQ CENTIMES PAR FRANC.

L'Exposition mettant les Acquéreurs à même de se rendre compte de l'état des objets, il ne sera reçu aucune réclamation après l'adjudication prononcée.

DÉSIGNATION

DU

MOBILIER

Antichambre.

1 — Un Bahut Renaissance, avec sa serrure ancienne.

2 — Deux Banquettes.

Salle à Manger.

3 — Trois meubles de salle à manger, avec étagères en palissandre. Deux servantes rondes.

4 — Dix-huit Chaises recouvertes en velours grenat. Ces meubles ont été faits par Jacob.

5 — Deux Girandoles à six lumières, ornées de cristaux de Bohême.

6 — Quatre Appliques à sept lumières, avec cristaux et chaînes de suspension.

7 — Très-belle Glace Louis XIII, ébène et cuivre repoussé.

8 — Quatre plats en repoussé de cuivre.
(Ce lot sera divisé.)

9 — Six Rideaux en soie brodée.

10 — Un petit Cabinet en marqueterie de bois.

11 — Deux Vases de Chine montés à quatre lumières.

12 — Un Paravent en laque de Coromandel.

Grand Salon octogone.

13 — Un Meuble de salon en bois sculpté et doré, composé
de : huit fauteuils, six chaises, recouverts en tapisserie
fond bleu et bouquets de fleurs.

14 — Quatre Divans recouverts en soie bleue. Deux Fauteuils confortables recouverts en soie brodée.

15 — Une Garniture de cheminée, composée de : une pendule, Enfants soutenant un vase gros bleu de Sèvres;
deux candélabres à neuf lumières de même forme que
la pendule, décorés de médaillons de fleurs et d'oiseaux.

16 — Deux Seaux gros bleu de Sèvres, montés en bronze
doré.

17 — Une paire de Chenets rocaille : Enfants tenant des
couronnes.

18 — Six Bras à six lumières en bronze doré.

19 — Un Lustre en bronze doré et porcelaine, fond turquoise décorée de fleurs.

20 — Un très-beau Bureau de Boule, à quatre faces et à X,
en marqueterie d'écaille et cuivre.

21 — Deux Consoles en marqueterie écaille et cuivre.

22 — Deux très-grands Vases en porcelaine de Saxe : Fleurs et Enfants en relief.

23 — Deux Vases fond bleu de Sèvres, décorés d'oiseaux et de guirlandes de fleurs.

24 — Un très-beau Meuble Pompadour, avec plaques de Sèvres : portraits de Mme de Montespan et de La Vallière, et paysages, marines.

25 — Deux Vases fond bleu turquoise, décorés de sujets d'après Boucher. Un Vase fond bleu servant de jardinière.

26 — Un Guéridon en porcelaine du Japon, monté en bronze doré.

27 — Dix Portières et rideaux en tapisserie pareille aux meubles.

28 — Une Tenture d'appartement en soie bleue à fleurs, pareille aux quatre divans.

Petit Salon à droite.

29 — Deux magnifiques Cabinets en laque de Chine, montés sur leurs pieds.

30 — Une très-grande et belle Pendule de Boule marquetée de cuivre et écaille, sur son socle à pans contournés. Le tout posé sur une gaîne en marqueterie.

31 — Deux Meubles en ébène formant secrétaire, avec cuivre, médaillons et paysages en burgau.

32 — Une très grande Console en bois doré, avec son marbre en brèche.

33 — Une Table burgautée.

34 — Un Vase en porcelaine de Chine, sur son pied en bois
doré.

35 — Un autre Vase monté id.

36 — Deux Vases de Chine à figures et fleurs en relief.

37 — Une Cassolette en laque du Japon, montée en bronze
doré.

38 — Deux Candélabres à six lumières.

39 — Deux Fauteuils Louis XIII.

40 — Six chaises et une servante.

41 — Un Déjeuner en porcelaine de Saxe. Sur le plateau,
chiffre du Roi et devise : « *Votre tendresse fait mon
bonheur.* »

(Don du roi de Saxe à sa fiancée.)

Pièce à côté du Petit Salon.

42 — Une très-belle Statue antique en marbre de Paros,
grande comme nature, représentant Vénus sortant de
l'onde. Cette statue est connue sous le nom de la Vénus
de la Folie Beaujon. Pièce remarquable et digne de
figurer dans un musée de premier ordre.

43 — Une Stalle gothique en bois sculpté.

44 — Deux Fauteuils et un Tabouret Louis XIII.

45 — Un Guéridon Louis XVI.

46 — Un Lustre flamand à six lumières.

Salon de gauche.

47 — Un grand Meuble en bois sculpté formant cabinet.

48 — Un calvaire en buis sculpté, attribué à Albert Durer.

49 — Une Crédence gothique.

50 — Un petit Meuble Louis XIII forme crédence.

51 — Une Vitrine à quatre faces en bois rose et bronzes dorés.

52 — Une grande Étagère à colonnes torses en bois sculpté.

53 — Un Meuble Louis XIV en bois doré composé de : un grand canapé, deux bergères, six fauteuils, recouverts en soie de Chine fond blanc décorée de fleurs.

54 — Deux grands rideaux et une tenture d'appartement en soie pareille au meuble.

55 — Une table en bois de palissandre, deux flambeaux Louis XV en bronze doré.

56 — Six chaises en bois doré.

57 — Une table en marqueterie de cuivre et écaille.

58 — Un écuelle en porcelaine de Saxe.

59 — Une écuelle en porcelaine de Sèvres fond rose.

60 — Un cabaret sur son plateau fond bleu turquoise décoré de feuillages et d'ornements.

61 — Une grande coupe en porcelaine anglaise.

62 — Une coupe Saxe : Taureaux et Chiens.

63 — Une théière en porcelaine de Sèvres, montée sur quatre pieds.

64 — Un grand plateau en émail de Chine.

65 — Un grand bol en porcelaine de Chine.

66 — Un coffre en fer gothique.

67 — Deux très-belles gourdes en faïence de Nevers.

Fumoir Turc.

68 — Un divan rond recouvert de velours bleu et rouge brodé a argent.

69 — Huit tabourets recouverts d'étoffes turques de différentes couleurs.

70 — Un lustre à douze lumières en porcelaine fond turquoise décoré de médaillons genre Boucher.

Fumoir Arabe

(AU PREMIER ÉTAGE)

71 — Divans, pipes, chibouks, formant trophée, qui seront divisés.

Bibliothèque.

72 — Un meuble à deux corps en bois sculpté avec fronton armorié.

73 — Une bibliothèque en bois sculpté.

74 — Un meuble à trois pans en bois sculpté à jour, d'une belle forme.

75 — Un meuble sculpté à hauteur d'appui.

76 — Une table en marqueterie écaille et cuivre.

77 — Six chaises à dossier sculpté recouvertes en tapisserie.

78 — Une chaise longue et un fauteuil recouverts en maroquin rouge.

79 — Quatre chaises Louis XIII.

80 — Deux bras en bois sculpté à trois lumières.

81 — Deux consoles dorées très-fines.

82 — Un encrier en boule.

83 — Un buste en marbre : Louis XV jeune, de Coisevox, signé.

84 — Une très-belle glace en bois sculpté et doré.

85 — Une pendule et deux candélabres en porcelaine fond bleu de Sèvres et bronze doré.

86 — Un plateau en laque aventuriné monté en bronze doré.

87 — Potiche du Japon.

88 — Un vase monté en bronze doré.

89 — Environ trente pièces de porcelaines et faïences sur une étagère.

90 — Un vitrail composé de onze sujets.

91 — Deux consoles en bois doré.

92 — Une très belle guitare marquetée.

93 — Une montre chronomètre de Bréguet. Dans l'intérieur est écrit : *Commandé sans limite en 1802 à Bréguet par son ami, M. de Sommariva, et livré le 1er janvier 1811.* Ledit chronomètre supporté par une pendule. Sur un côté est gravée l'inscription suivante : « Ouvrage de Bréguet, commandé par M. de Sommariva sans limitation de temps, de dépenses, de volume et de composition. Commencé en 1802 et terminé en 1812. Effort de l'artiste pour faire de cette machine un monument de l'état de l'horlogerie au commencement du xixe siècle, et joignant à la pureté des principes le plus grand luxe d'exécution. » De l'autre côté, pendule-montre marine où sont deux régulateurs différents. Un seul, en usage depuis près d'un demi-siècle, mais perfectionné ici pour le renouvellement de l'huile par un procédé ignoré jusqu'à ce jour ; l'autre, d'invention nouvelle, à tourbillon, force constante et spirale s'ouvrant concentriquement.

94 — Une tabatière Louis XVI en or, ornée de fleurs et feuillages en relief ; dessus et dessous sont deux émaux représentant des sujets genre Boucher.

Atelier.

95 — Un meuble Henri II, monté en forme de crédence.

96 — Un meuble à deux corps en noyer marqueté de bois de couleur.

97 — Une belle commode Louis XV.

98 — Un bureau à cylindre Louis XVI.

99 — Une commode Louis XVI.

100 — Un cabinet Louis XIII.

101 — Une commode Louis XV de belle forme.

102 — Une table torse.

103 — Une console Louis XVI.

104 — Un petit cabinet en ébène monté sur son pied.

105 — Un grand paravent à six feuilles en laque de Coromandel.

106 — Un thermomètre dans un cadre en bois sculpté Louis XIV.

107 — Un grand lit en bois doré Louis XVI.

108 — Deux guéridons en bois sculpté et doré.

109 — Un très-beau bureau à cylindre Louis XVI.

110 — Un paravent en laque de Chine, ayant appartenu à Louis XVI.

111 — Une petite table en ébène de belle forme.

112 — Un très-beau cartel rond Louis XV, en bronze doré.

113 — Un meuble à dais vénitien, avec tiroirs à l'intérieur.

114 — Une grande armoire en ébène et bois de couleur.

115 — Une très-belle console en bois doré.

116 — Un lit à baldaquin en bois de noyer sculpté.

117 — Une pendule représentant Manon-Lescaut et le chevalier Desgrieux.

118 — Deux lits jumeaux en bois de noyer sculpté, le dossier formant baldaquin.

119 — Une pendule Louis XVI en marbre orbiculaire.

120 — Une vitrine à deux vantaux.

121 — Deux chiffonniers en bois de couleur.

122 — Un bureau en palissandre Louis XV.

123 — Deux grands vases de Chine.

124 — Un cabinet burgauté monté sur son pied tors.

125 — Un meuble-étagère flamand en bois sculpté.

126 — Un autre meuble faisant pendant.

127 — Un canapé et six fauteuils Louis XIV, recouverts en étoffe de laine.

128 — Une cheminée monumentale en bois sculpté du plus grand effet.

129 — Six fauteuils en bois sculpté.

130 — Une très-belle statue en bronze florentin : la Renommée. Attribuée à Jean de Bologne. Pièce très-remarquable.

131 — Un cabinet en ébène monté sur son pied.

132 — Deux cabinets en ébène faisant pendant ; l'intérieur est peint par Breughel.

133 — Une chaise à dossier sculpté à jour.

134 — Une table en marqueterie de bois.

135 — Une très-belle table italienne ; les pieds sont formés par des enfants de grandeur naturelle.

136 — Deux statuettes en terre cuite.

137 — Une arbalète avec son cranequin.

138 — Deux candélabres bois sculpté.

139 — Bronzes antiques.

140 — Deux équipements arabes, brodés velours et or.

141 — Deux enfants en bois sculpté entouré de guirlandes de fleurs.

142 — Quatre caryatides en bois sculpté.

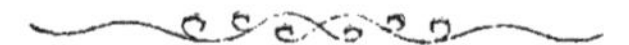

VINS

Bouteilles.

25 — Chypre............................ 9

26 — Modène............................ 76

27 — Xérès............................ 33

28 — Moselle............................ 19

29 — Bourgogne.......................... 300

30 — Vin des Riceys...................... 330

31 — Constance............................ 92

32 — Monte-Liado.......................... 31

33 — Malaga................................ 17 ¼ B^lles

34 — Malaga................................. 20

35 — Alicante............................. 23

36 — Vins d Espagne 1835.................. 14

37 — Malvoisie de Porto 1835.............. 19

38 — Vieux Xérès 1835..................... 7

39 — Vieux Porto 1835..................... 7

40 — Château-Margaux 1835................. 6

41 — Château-Laffitte 1835................ 10

42 — Val d'Epenas 1793................... 16

43 — 600 Bouteilles de Château-Laffitte 1855...

Fleurs et Arbustes.

Environ 200 Camélias.

200 Plantes de Serre et autres.

50 Orangers et Lauriers en caisses.

Jardin.

Une petite Statue en marbre blanc : Minerve.

Une Statue antique en marbre de Paros : Diane chasseresse.

DÉSIGNATION
DES TABLEAUX

ÉCOLE ITALIENNE

BASSAN

1 — Le Printemps.

2 — L'Eté.

3 — L'Automne.

4 — L'Hiver.

CARPACCIO (Vittore)

5 — Retour des Argonautes.

Montés sur l'Argo, les héros, Médée au milieu d'eux, retournent triomphants en leur patrie. Les costumes des personnages de cette curieuse peinture sont ceux du xvᵉ siècle.

CORRÉGE (Antonio-Allegri)

6 — Deux Têtes d'Anges.

DOMINIQUIN (Zampieri)

7 — Paysage.

Le site est accidenté et va se perdre à l'horizon au pied d'une chaîne de montagnes. A gauche est une belle masse d'arbres ; à droite, un temple ruiné.

Quelques figures animent ce paysage que sa couleur énergique, son grand aspect, rangent parmi les œuvres distingués du maître.

DOSSO DOSSI

8 — Jésus prédicateur.

Notre-Seigneur debout dans une barque, entouré de pécheurs, prêche la loi de Dieu à des personnages divers réunis sur le rivage.

(Peinture sur lapis.)

GUIDO RENI

9 — L'Enfant et le Dauphin.

GIORGION (Barbarelli)

10 — Buste de guerrier.

RAPHAEL (Signé 1506)

11 — Sainte Famille.

La Vierge, assise, soulève de sa main droi e un voile léger qui recouvre son divin Fils endormi près d'elle. De la main gauche, elle avance le jeune Précurseur qui, debout, les mains jointes, semble craindre que sa présence ne trouble le sommeil de l'Enfan -Dieu. Un peu en arrière, saint Joseph, le coude appuyé sur une pierre, contemple cette scène ravissante.

Ces figures se détachent sur un fond de paysage des plus harmonieux.

Une nombreuse et curieuse collection d'attestations autographes par les premiers peintres, graveurs, experts et amateurs les plus illustres de France et de l'étranger, accompagne ce tableau.

Nous citerons entre autres, pour la France, le baron Desnoyers, Robert, Fleury, Dauzats, Scheffer, Alaux, Aug. Couder, Grenier, Sigalon, etc. — Parmi les experts, les deux Lancuville, Paillet, Pérignon, Bertrand, Henry, — Parmi les étrangers, MM. Peisse, directeur du musée florentin; Suhr. laudt. peintre aulique; Pietro Morosi, expert. Les artistes L. Wichaun, C. Rauch, W Wach et Pierre Cornélius, qui s'exprime ainsi dans une lettre datée de Berlin, du 12 octobre 1844 : « Je juge pour un véritable « Raphaël le tableau à l'huile que possède le célèbre peintre de marine « Gudin. . . . .

et termine ainsi :

« Et la grâce profonde et pleine d'âme dans les lignes surtout de la « Madone et du Christ, ne peut avoir pour créateur que Raphaël. »

De plus, cette lettre a été contresignée par les trois articles cités plus haut.

Des lettres semblables d'artistes russes et allemands se rencontrent encore dans le volumineux dossier qui constate l'originalité de notre tableau et qui sera délivré à son acquéreur. Parmi ces lettres nous distinguons celle du directeur de l'Académie royale de Berlin, du 14 octobre 1844, dont voici la copie :

« Monsieur Gudin m'a favorisé, j'ai vu le tableau : *la Vierge aux lauriers*; peu de tableaux du grand maître existent encore conservés comme celui-ci. Il est du nombre de ceux qu'on nomme *quadro virgine*. L'opinion de M. J.-B. Desnoyers est une autorité pour moi.

Dr G. Schadow. »

RICCIARELLI (Daniel de Volterre)

12 — Descente de croix.

Esquisse de son célèbre tableau.

ZURBARAN (François)

13 — Un Moine en prière.

ÉCOLES ALLEMANDE, FLAMANDE & HOLLANDAISE

ASSELYN (Jean)

14 — Une Source minérale.

Située dans le centre d'un paysage accidenté, elle est entourée de vieilles murailles en ruines près desquelles de nombreux personnages sont réunis. Les uns puisent à la source, les autres éprouvent déjà l'effet du breuvage.

Une dame assise et son cavalier à demi couché à terre qui reçoivent en riant des verres d'eau d'un paysan dont l'âne est chargé de bouteilles, animent le premier plan de ce bon tableau.

BACKUYSEN

15 — Marine.

Le ciel est nuageux, et sur la mer légèrement houleuse naviguent un bateau pêcheur et un navire qu'un matelot, assis sur la côte, suit du regard.

BERGEN (Dirck Van)

16 — Une Vache.

BREUGHEL

17 — Paysage.

BRIL (Paul)

18 — Paysage. (Étude.)

CRANACK (Lucas)

19 — Allégorie relative à l'Amour.

Une jeune et jolie femme appuyée contre un arbre, regarde avec défiance un Amour qui, placé près d'elle, s'est emparé d'un rayon de miel que des mouches défendent.

Ce gracieux petit tableau est du meilleur faire du maître.

DEININGER

20 — Beatrice Cinci.

(Porcelaine d'après le Guide.)

DURER (ALBERT)

21 — Le Samaritain.

Dans un paysage et sur une route qui le traverse, le Samaritain, descendu de sa mule, verse des cordiaux sur les plaies du malheureux voyageur dévalisé.

Sur le même chemin, à des plans plus éloignés, on aperçoit le lévite et le prêtre inhospitaliers.

HEEM (Signé D.)

22 — Paysage ; effet de lune.

RUYSMANS DE MALINES

23 — Paysage accidenté.

HOLBEIN

24 — Portrait d'un religieux.

Il est coiffé d'une barrette ; il tient de la main gauche un livre et de la droite un chapelet.

KABEL (VAN DER)

25 — Entrée d'un port ; soleil levant.

KOCK KERK (R.-C.)

26 — Paysage.

Avec arbres légers bordant une route.

MOLYN (Pierre de), dit TEMPESTE

27 — Une Tempête.

Plusieurs bâtiments luttent contre la vague furieuse qui semble prête à les engloutir.

PETERS

28 — Marine ; mer agitée.

VELDE (Guillaume van den)

29 — Marine.

Tableau fait pour l'amiral de Ruyter représentant son vaisseau et le moment où il se rend à bord, avec son cadre en bois sculpté du temps, avec ornements entremêlés d'attributs de marine.

30 — Marine; temps calme.

Bateau pêcheur à l'ancre; chaloupe qui maintient le filet. Au fond, deux navires.

FLAMAND EN ITALIE

31 — La Madeleine aux pieds de Jésus jardinier.

ÉCOLE FRANÇAISE

CALLOT (Jacques)

32 — Paysage.

A gauche, sur le premier plan, de nombreuses figures entourent l'étalage d'un marchand de verroterie. A droite, des paysans déballent des paniers.

CLOUET (École des)

33 — Réunion de Portraits.

Ils sont au nombre de vingt dans un seul cadre et tous principaux personnages du temps de Henri II.

COIGNARD

34 — Vaches dans une prairie.

FOUQUET (Genre de JEAN)

35 — Calendrier.

Les douze mois de l'année sont représentés par autant de miniatures avec personnag » et ornements du temps de Louis XII.
Ces peintures sont réunies dans un cadre en bois sculpté.

GÉRARD (le Baron)

36 — Portrait de l'Empereur Napoléon Ier.

Il est vu en buste et en grand costume impérial.
Ce portrait, exécuté à l'époque du sacre, était considéré par le baron Gérard comme le meilleur qui soit sorti de son pinceau.

GREUZE

37 — Tête de jeune fille.

Cette gracieuse enfant tient entre ses bras sa poupée. Ses yeux bleus aux regards si doux, si confiants, sa chevelure blonde et bouclée se marient admirablement avec son visage sur lequel la plus douce fraîcheur est répandue.

38 — Tête de l'infortuné Louis XVI.

Elle est tenue par la main du bourreau.

LONGUET

39 — Paysage avec figures.

NOEL

40 — Marine.

Le ciel se charge de nuages, toute une flottille couvre la mer qui commence à s'agiter.

NOEL

41 — Marine. (Pendant du précédent.)

Le ciel semble s'éclaircir et la mer se calmer. Un vaisseau et d'autres à l'horizon se balancent sur la vague encore grosse.

(Très-belles gouaches.)

REYNOLDS

42 — Portrait de femme.

TROYON

43 — Paysage boisé.

OEuvre capitale pour laquelle il reçut à l'Exposition la croix de la Légion d'honneur.

44 — Paysage.

45 — Bestiaux à l'abreuvoir; effet de soleil.

WATTIER (ÉMILE)

46 — Des Baigneuses.

Renou et Maulde, imprimeurs de la Compagnie des Commissaires-Priseurs, rue de Rivoli, 144.   50010